PFERDE
Malbuch

© 2023 Lucy's Schwarze Malbücher
Anna Piok, Im Pfaffenacker 7, 56218 Mülheim-Kärlich
Email: annapiok@freenet.de
Covergestaltung: Anna Piok
Illustrationen/Vektoren/Fotos midjourney.com, redaktionell bearbeitet
Schriften/Elemente: free elements by canva.com

ISBN Softcover: 978-3-384-06677-0

Druck und Distribution im Auftrag :
tredition GmbH, Heinz-Beusen-Stieg 5, 22926 Ahrensburg, Germany

Das Werk, einschließlich seiner Teile, ist urheberrechtlich geschützt. Für die Inhalte ist der Autor verantwortlich. Jede Verwertung ist ohne Genehmigung unzulässig.